# 巨大地震
## その時あなたを救うのは?
# 市民トリアージ

NPO法人 災害・医療・町づくり理事長
**安田 清**

# はじめに

「市民トリアージ」という言葉が、市民レベルで普通に語られるようになってきました。平成19年（2007）から市民とトリアージ訓練を進めてきたＮＰＯ「災害・医療・町づくり」としては歓迎すべきことだと感じています。

トリアージは災害時だけに行われるのでなく、患者数が多い場合には医療や消防で日常的に行われています。

「市民トリアージ」も当ＮＰＯだけでなく、だれでもが企画してよいことだと思います。一方、市民にトリアージができるのか、その責任は？　などの危惧や批判があるのも事実です。

この問題と対峙しながら「市民トリアージ」を提唱し、市民が抵抗なくできるように工夫しながら慎重に進めてきた当ＮＰＯとしては、「市民トリアージ」が単なる技術論として広がることには危惧を感じています。

どんな状況のなかで、市民がトリアージを

するのか？災害医療の流れの中で、どんな役割をもつのか？などを明確にしたうえで市民に提示し、かつ消防や医療や行政と連携するなかで初めて機能できる考え方だと思っています。

　災害医療は行政や消防、医療など専門家集団だけで考えられてきました。私たちの最終目的は各組織が機能することではないはずです。各組織の強化だけでは対処できない大規模災害があることを認め、その際に市民が災害医療の一端を担うことで、困難な状況を解決する道筋が得られるのではと考えています。

　「市民トリアージ」に対する、当ＮＰＯの考え方、具体的な活動、目指す方向などを理解したうえで「市民トリアージ」にぜひ取り組んでいただきたいと思います。

　この本では、静岡県静岡市（人口約70万人）を例にとって具体的に説明しています。同じことを自分の住んでいる街に置き換えて考えてみてください。

# もくじ

## 1章　大地震と医療―――――7
　§1　静岡県の広域搬送計画
　§2　クラッシュ症候群対応
　§3　市民の力

## 2章　市民トリアージ―――――15
　§1　トリアージとは何か
　§2　市民トリアージの役割は
　§3　なぜ市民トリアージが必要か
　§4　広がるトリアージへの理解
　§5　抵抗や迷いをなくすために

## 3章　クラッシュ症候群―――――41

## 4章　NPOの訓練メニュー―――――49
　§1　市民トリアージ訓練
　§2　身近にあるもので応急処置
　§3　救護所立ち上げ訓練
　§4　救出訓練
　§5　搬出訓練

§6　情報の収集と共有
　　　§7　実動総合訓練
　　　§8　当ＮＰＯの講習プラン

5章　これからの課題——————————77
　　　§1　広げていくための戦略
　　　§2　市民の力に期待
　　　§3　運動の広がり
　　　§4　米国ＣＥＲＴに学ぶ
　　　§5　展望と課題

6章　トリアージＱ＆Ａ——————————99

まとめ——————————————————109

あとがき—————————————————115

# 1章

# 大地震と医療

大規模な地震が起きたとき、普段の医療体制の延長や強化では手に負えない事態が生じます。医療チームの派遣や、ケガ人の広域搬送など、いつもとは違う新たな医療体制づくりが急務になります。それに加えて市民の役割も重要です。とりわけ「市民トリアージ」をはじめとする共助が、災害医療のなかで大事な役割をもちます。

　平成7年（1995）阪神淡路大震災の際、私は静岡県医療救護班第1班の一員として、兵庫県西宮市で医療活動を行いました。初めての災害派遣で災害医療についての知識がなく、通常の医療の知識で対応しました。勤務していた静岡県立総合病院は基幹災害拠点病院に指定されていました。

　「こういうことが静岡で起きるのだ、大変なことだ。備えなければならない」という覚悟を持ちました。

　具体的な目標を立てるため、阪神大震災の記録、特に医療について調べました。病院、医師会、救護班の体験記録の多くに目を通しました。なかでも参考になったのは、大阪大

学が中心になってまとめた「集団災害医療マニュアル」（2000；吉岡敏治他）です。阪神大震災の医療全体をまとめ、今後の方向性を示した本でした。

　この本の中でどうしても必要だと感じた大きなテーマが二つありました。

《広域医療搬送計画の必要性》

《クラッシュ症候群※への対応》

です。

　さらに過去の東海地震を調べ、静岡県第3次被害想定を知るなかで、行政、消防、医療など公的な対応には限界があることも分かりました。このことを解決するためには、上の二つに加えて

《市民の力》

が必要だと感じました。医療・病院の対応力を高める努力をすることはもちろんですが、さらに新たな目標として、この三つを掲げなければならないと思いました。

## §1　静岡県の広域搬送計画

　静岡県に働きかけ平成12年（2000）「静岡県災害拠点病院連絡会」を立ち上げ、広域医療搬送計画について医療と行政で議論を開始しました。聞きなれないテーマに議論は紛糾しました。

　平成13年、厚生労働省から土居弘幸氏が静岡県健康福祉部技官として赴任し、富士常葉大学の小村隆史氏を班長とする「災害医療救護システム研究会」が組織され、行政、医療者、自衛隊、ヘリ運航会社、マスコミなどが参加し検討されました。一気に議論が進み、平成15年静岡県医療救護計画の中に広域医療搬送計画が位置づけられました。さらに平成16年、国の計画として位置づけられ、平成23年東日本大震災で初めて実動しました。

　静岡県は国の計画以前に体制作りをしたため、搬送基地（ＳＣＵ[※]）立ち上げや運営を県職員が受け持つなど独自の体制が残っています。

## §2　クラッシュ症候群対応

　クラッシュ症候群※は阪神大震災当時には一般には知られていなかったため、見逃されたものも多いと思われます。明確な定義、数字、目標とする体制は現在でも示されていません。統計学的データや医学的根拠が乏しく、したがってマニュアルが提示されていません。しかし、災害医療に携わる人は医療者だけでなく、行政も消防も自衛隊もボランティアも必ず知っておく必要があることです。

　これまで報告された経験則をもとに対策を講じることはできます。平成14年（2002）から講演、マスコミ取材、防災訓練のなかで、機会あるごとに発言してきました。また倒壊家屋からの救出を市民が担うことになるのなら、市民もクラッシュ症候群対応を知っている必要があります。私たちＮＰＯが地震を想定して独自に作った「市民トリアージ表」でも、クラッシュ症候群の項目を取り上げて、その啓発に努めています。トリアージを解説

するときには、特に市民にできる対応について、重点的に説明してきました。

## §3　市民の力

　大災害時には公助に頼らず自助・共助が大事だといわれます。この言葉は市民の活動を促した言葉でしょう。しかし共助とは具体的に何をすればいいのかを理解している市民は少ないでしょう。

　大規模災害時に市民にできることを、普段から具体的に説明し実技訓練しておくことで、本番で市民が役割を果たせるようにすることが、ＮＰＯ「災害・医療・町づくり」の目標です。この本の主題である「市民トリアージ」は共助の一例です。これについて説明し、それ以外の当ＮＰＯの活動についても報告します。

※ＳＣＵ
　広域搬送拠点臨時医療施設 Staging Care Unit の略。重傷者を被災地外に運ぶ際、最終のメディカル・チェックを行う

※**クラッシュ症候群**
　崩壊家屋の下敷きになるなど、体の一部が長時間圧迫され、それが解放されたあとに起きる全身障害。重傷を見落とされるケースも多い。英語の crush（つぶれる）から、挫滅症候群、クラッシュ・シンドロームともいう。

# 2章
# 市民トリアージ

## §1 トリアージとは何か

　トリアージとは負傷者の数が医療者の対応力より多いような大規模災害時に、治療が遅れれば命を失う可能性が高いが、治療をすれば助けられる負傷者を早く見つけ治療に結びつけようとする組織的な診断法です。

　トリアージはコーヒー豆の選別に使われていたフランス語のtrier（選り分ける）が語源で、ナポレオンが負傷した兵士の中から戦場に戻れる兵士を優先的に治療するために選り分けたことで医療に使われるようになったと言われています。

　１次トリアージ（現場でのトリアージ）にはいくつかの方法がありますが、日本の災害医療では「スタート式トリアージ」（START式：Simple Triage And Rapid Treatment）が使われてきました。時代とともに細かな変遷はありましたが、現在DMAT[※]・病院などほとんどの施設で【図２−１】の方法が採用されています。

スタート式トリアージ以外にも医師がいるチームや病院で行う、治療を含んだ2次トリアージがあります。この本の目的は医療者がいない被災現場で行う市民のトリアージなので2次トリアージについては詳細を省きます。

## 【図2-1】START式トリアージ

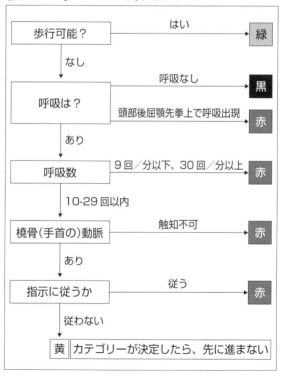

※**DMAT（ディーマット）**
　Disaster Medical Assistance Team の略。大災害が発生したときなど早期に被災地に派遣される、訓練を受けた医療チームのこと。

# §2　市民トリアージの役割は

　トリアージはふつう、医師や救急隊の仕事です。市民はトリアージを受ける側です。混乱が予測される被災現場から医療機関まで、ケガ人の流れを少しでもスムーズにしようというのがトリアージの目的です。しかし、大規模な地震となると、多数のケガ人を前に、トリアージは困難を極めます。

　被災現場で市民が、軽傷者をより分けることができれば、重傷者はより早く病院に運ばれることになるでしょう。このような搬送トリアージが、私たちNPOが考える「市民トリアージ」です。

　具体的には何をするのでしょうか。
　《手や足を２時間以上はさまれていなかったか確認する》

《歩けるケガ人を救護所へ誘導する》
《呼吸をしているか確認する》
これが主な仕事です。

前述したトリアージの図式のうち、呼吸の状況・血液の循環・意識の程度、など本番では市民は行う必要はありません。重傷者として病院に運ぶことになります。

軽症者に病院へ行くのをできるだけ我慢してもらえば、病院は命にかかわる重傷者に専念できます。こうして「防げる死を防ぐ」という目的のため、できるだけ手伝いをしよう、というのが「市民トリアージ」のねらいです。

市民がトリアージを学ぶ際には、医療従事者の行うトリアージの方法や考え方を知り、同じような訓練を経験しますが、市民と医療者とでは役割が違うこともはっきり学びます。

「市民トリアージ」の必要性を理解することは、単にその方法を覚えるだけでなく、住んでいる地域が大災害に見舞われたときに何が起きるのかを理解することにつながります。また、災害を自分のこととして考える想像力を生み、市民にもできることがあると自覚す

る効果にもつながっていきます。

また、ケガをしたときにどこに行くのかを知り、負傷者の流れや災害医療の流れを理解することにもつながっていきます。

## §3　なぜ市民トリアージが必要か

南海トラフ地震が懸念される静岡県民にとって、市民トリアージはとりわけ切望されるものです。その理由は、地震が起きたら
　《県内で助け合えない》
　《県外からすぐに助けが来ない》
からです。

被害は県内全域におよび、どの町も自分たちを守るのに手いっぱいです。ほかの町を助ける余裕はありません。被災地は県外にも大きく広がりますから、県外からの支援も当然減るし、遅れるでしょう。

だからこその「市民トリアージ」なのです。

1・県内で助け合えない

【図2-2】は平成25年（2013）に静岡県

が想定した南海トラフ地震での人的被害です。最悪のレベル2の地震に襲われた場合の数字を表しています。

　死傷者15万人以上という数字は大きすぎてあまり実感がわかないかもしれません。しかも、ここでいう「重傷者」は、私たちが普段聞きなれてる言葉よりははるかに重い状態をさしています。ここでの重傷者は「**命にかかわるケガ人**」です。たとえば、腕を骨折して手術が必要といった状態を想像すると、骨折しただけでは、命にかかわるケガにはならないのです。軽症者に分類されます。

　また、震度分布を【図2－3】に示しました。静岡県民の大半が住む平野部のほとんど

## 【図2－2】静岡県の人的被害想定

| 南海トラフ地震（レベル2）静岡県被害想定 | |
|---|---|
| 死者 | 65,000人 |
| 重傷者 | 33,000人 |
| 軽傷者 | 58,000人 |
| 自力脱出困難者 | 27,000人 |

静岡県第4次地震被害想定調査：2013

は、震度6弱以上の強い地震に見舞われます。

　この二つの図表を見ても、県内の市町同士が、助け合える状態にないことが分かります。

　私たちNPOの活動の原点となった静岡市（清水と合併する前）の被害想定と救助力で比較を見てみましょう。【図2－4】

　焼失家屋1万2000棟を含め、建物大破が3万棟。そのなかで、たった470人の消防隊員が、消火、救出に追われながら、救急搬送も受け持つのです。また、300人の医師が37カ所の救護所で、1万2500人のトリアージをし、

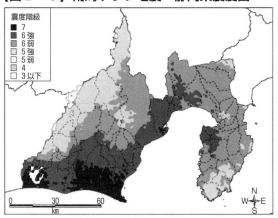

**【図2－3】南海トラフ地震－静岡県震度図**

軽傷者8800人の応急処置をしなければなりません。いかに被害が大きく、それに立ち向かう人間の力がいかに小さいかが分かります。

　この厳しい現実は、静岡市に限ったことではありません。沼津市でも磐田市でも、その厳しさに変わりはありません。これでは、どの町も自分たちの消防・医療で町を救うことが難しいはずです。よその町を助けることなどできないでしょう。

　また、日本各地が静岡県と同様の苦境に陥ることを示すために、愛媛県今治市の想定をあげておきました。

## 2・県外からすぐに助けが来ない

　県内の支援がないとなれば、早期に県外から、自衛隊、消防、ＤＭＡＴなどの大量支援が必要になります。

　ところが、南海トラフ地震は【図2-5】のように広い地域を襲います。最悪のシナリオでは死者33万人ともいわれます。県外から静岡県に入る支援は当然減るし、遅れるでしょう。

## 【図2-4】南海トラフ地震（レベル2）被害想定と救助力の対比（静岡県第4次地震被害想定調査：2013）

### ①静岡市（旧）

| 被害想定 | | 対応する力 | |
|---|---|---|---|
| 人口 | 464,781人 | 消防・救急 | 470人 |
| 建物総数 | 175,546棟 | 救急車 | 14台 |
| 建物大破 | 30,000棟 | 消防車 | 31台 |
| （内火災焼失 | 12,000棟） | 救助車 | 4台 |
| 死者 | 2,000人 | 消防団 | 1,300人 |
| 重傷者 | 3,700人 | 地域救護所 | 37カ所 |
| 軽傷者 | 8,800人 | 医師会員 | 300人 |
| 生き埋め | 5,700人 | 総合病院 | 6病院 |
| | | （医師数） | 550人 |

### ②沼津市

| 被害想定 | | 対応する力 | |
|---|---|---|---|
| 人口 | 212,241人 | 消防・救急 | 240人 |
| 建物総数 | 70,727棟 | 救急車 | 9台 |
| 建物大破 | 4,800棟 | 消防車 | 21台 |
| （内火災焼失 | 10棟） | 救助車 | 2台 |
| 津波大破 | 3,900棟 | 救護所 | 15カ所 |
| | | 医師会員 | 130人 |
| 死者 | 7,000人 | 災害拠点病院 | |
| 重傷者 | 300人 | 沼津市立病院 | |
| 軽傷者 | 1,000人 | 500床　医師 | 79人 |
| 生き埋め | 30人 | 国立静岡医療センター | |
| | | 450床　医師 | 44人 |

### ③磐田市

| 被害想定 | | 対応する力 | |
|---|---|---|---|
| 人口 | 171,539人 | 消防・救急 | 210人 |
| 建物大破 | 16,000棟 | 救急車 | 7台 |
| (内火災焼失 | 11,000棟) | 消防車 | 10台 |
| | | 救助車 | 1台 |
| 死者 | 1,400人 | 救護所 | 12カ所 |
| 重傷者 | 3,300人 | 医師会員 | 96人 |
| 軽傷者 | 4,000人 | 市立病院 | 500床 |
| 生き埋め | 2,100人 | 医師 | 144人 |

### ④愛媛県今治市

| 被害想定 | | 対応する力 | |
|---|---|---|---|
| 人口 | 168,495人 | 消防・救急 | 215人 |
| 建物 | 128,000棟 | ポンプ車 | 27台 |
| | | 救急車 | 16台 |
| 津波大破 | 9,096棟 | 消防艇 | 1艘 |
| | | 消防団 | 2,231人 |
| | | ポンプ車 | 34台 |
| 死者 | 641人 | | |
| 負傷者 | 4,662人 | 医師・歯科医師 | 317人 |
| 要救助者 | 958人 | 災害拠点病院 | |
| | | 　県立今治中央病院 | 320床 |
| | | 　　　　　　医師 | 35人 |
| | | 二次病院 | 5病院 |
| | | 　済生会今治病院 常勤医 | 39人 |

東日本大震災の際、静岡県立総合病院のＤＭＡＴは地震当日の３月11日午後９時に病院を出発しました。自衛隊車両、救急車などとともに東北自動車道を走りましたが、目的地の岩手県立宮古病院に到着したのは、３月12日午後２時でした。地震発生からほぼ24時間が経過していました。

　南海トラフ地震のような巨大地震では、外からの早期の支援を期待できず、その地域だけで対処しなければならない時間帯が少なくとも24時間、場合によると72時間以上にもな

【図２－５】南海トラフ地震震度想定

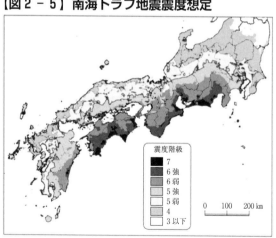

るでしょう。

　行政も消防も医療も活動は困難を極めますが、とりわけ現場から病院までの作業（救出、救護所立ち上げ、トリアージ、搬送、軽傷者の応急処置）には公的な力がほとんど届かないと予測されます。ここでの作業は市民の力なくしては機能しません。市民の力があれば病院までの医療を機能させることができるのでは、と私たちＮＰＯは考えました。それは、重傷者を診療する病院の医療が機能することにつながります。

## §4　広がるトリアージへの理解

　平成13年（2001）静岡市内の病院と医師会有志が集まり、連合町内会単位（小学校を救護所とする地域の防災の単位）での災害医療訓練を始めました。

　この時期の訓練の目的は、主に医療が行うトリアージを住民に理解してもらうことでした。模擬患者役の住民をスタート式でトリアージし、説明する方法をとりました。

平成14年から平成18年までの５年間で、静岡市内の公的救護所39カ所（当時）のうち22カ所でトリアージ訓練を行い、延べ参加住民は２万人を超えました。

　この活動の中で「スタート式トリアージなら住民でもできるのでは？」という声が、住民の側からも、私たちスタッフの側からも出てきました。

　想定負傷者数に比べて救護所に詰める医師会員数は少ないのです。スタート式トリアージでは、歩ける人は緑の軽傷者で救護所に誘導し、歩けない人は黒か赤か黄の重傷者で病院に運ぶことになります。非常にシンプルです。

　何千人という負傷者が生じる現場で、市民がトリアージすることでこの流れを作ることができれば大きな意義があると思われます。

　平成19年（2007）にＮＰＯ法人「災害・医療・町づくり」を立ち上げ、市民が"自分の町を守る"ことを目標にしました【図２-6】。具体的活動として、
・がれきの下からの救出

（ここは消防に協力を求めました）
・救護所立ち上げ
・市民トリアージ
・クラッシュ症候群対応
・身近にある物で行うケガの応急処置

などの説明と実技訓練を始めました。またトリアージ表の最初に、クラッシュ症候群を見分ける質問を付けた、当ＮＰＯ独自の地震用の「市民トリアージ表」【図２－７】を作りました。

　活動範囲も静岡市内から静岡県内全域に広げました。分かりやすく説明し具体的な訓練

【図２－６】

| ＮＰＯ法人「災害・医療・町づくり」 |
|---|
| 平成19年６月〜 |
| ＊ |
| 目標：地域の命は地域で守る |
| ＊ |
| 《方針》 |
| 第１段階：地震の景色が見える（自分、周囲）　　　⇒生き残る・助ける |
| 第２段階：立ち向かう技術を覚える　　　⇒レスキュー、救護所立ち上げ、搬送　　　トリアージ、応急処置、情報伝達 |

を繰り返すなかで、「市民でもトリアージができ、南海トラフ地震では市民の力が必要だ」という考え方は市民にも行政にも徐々に理解されていきました。

何よりも、前述したような被害想定への危機意識は、医療者だけではなく市民、行政にも共通のものだったからです。

災害医療には医療が市民を守るという意味があるのはもちろんですが、消防や医療が機能できなかったら被害をこうむるのは市民なのです。受益者は市民であり、他人事ではないのです。

現在では静岡県内の町内会の防災訓練で「市民トリアージ」や応急処置が行われることは珍しくありません。また県内の行政、学校、自治会などから「市民トリアージ」訓練の申し込みが増えました。

静岡県内の35市町のうち12市町が市民がトリアージすることを認めるところまでやっと到達し、行政が「市民トリアージ」訓練を企画したり、医療救護計画に載せている市町も出てきました。

## 【図2-7】①市民トリアージ表
### （あなたにもできるトリアージ）

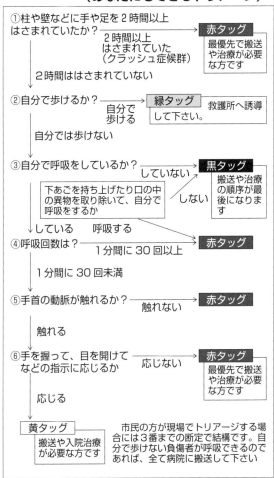

## 【図２－７】②災害時は、このようなケガは緑タッグになります

> 創傷：圧迫で止血が可能な場合
> 火傷：やけどの範囲が体の10％以下の場合（小児・高齢者はその半分）
> 骨折：四肢のうち１カ所であり、骨の露出がない場合

緑タッグといっても、平常時の軽症とは大きく異なります！

災害時には、負傷者を重傷度や緊急度に応じて振り分け、治療に優先順位を付けますがその判定基準は命に関わるか否かです。

災害時には、応急処置を行えば、生命には問題がないと判断できるようなケガは、全て緑タッグと判定し、救護所や自主防災組織など地域で対応してもらうことになります。

注意：START式はあくまでも目安です。出血がひどい、骨が飛び出しているなど、一目で重傷な外傷であることが明らかな場合たとえ歩くことができても、被災現場で赤タッグや黄タッグと判定して下さい。また、判定に迷った時は重い方のタッグを選んで下さい（赤か黄か？→赤）

## 【図2-7】③クラッシュ症候群は、赤タッグと判定すべき外傷です！

キーワードは
↓

**四肢（手足）を2時間以上はさまれていた、麻痺がある、の2つです**

地震で倒壊した柱や壁などに四肢（手足）を長時間はさまれることにより発生し、はさまれている間は比較的元気なので単なる挫傷に思われますが、助け出された後、急激に状態が悪化して死亡することがあり、注意が必要です。

　なぜ、このようなことが起こるのでしょう

四肢を長時間はさまれている、と酸素不足により筋肉組織の破壊が進む
↓
圧迫が除去されると血流が再開し、細胞の中身が循環血液中に入り全身に運ばれる

| 細胞の中身であるカリウムにより心停止を起こす | 脱水や筋肉から出たカリウムやミオグロビンにより急性腎不全を起こす |
|---|---|

クラッシュ症候群が疑われる負傷者を救出する時は現場で負傷者にできるだけたくさんの水分を飲ませながら救急作業を行いましょう。突然死を防ぐ唯一の方法は血液透析なので、できるだけ早く透析の可能な病院に搬送して下さい。救護所に運ばないで下さい。

## 【図2−7】④被災現場でのトリアージ

被災現場から負傷者を搬送する際には、市民にも多数の負傷者の中から誰を先に運ぶのか、救護所に運ぶのか、病院に運ぶのか、という判断が求められます。その後救護所でも病院でも、医師が再度トリアージします。

> ＳＴＡＲＴ方式トリアージ
> ＳＴＡＲＴ方式は血圧計などがなくても判定可能なトリアージ方法です。
> 呼吸や循環、意識状態から判断し、どのような外傷かという判断は必要ありません。

〈問い合わせ先〉
ＮＰＯ法人災害・医療・町づくり
ＴＥＬ　静岡県内からの場合：
　　　　090-4447-5946（担当・笠原）
　　　　静岡県外からの場合：
　　　　090-7022-3436（担当・安田）
Ｅメール　triage.shizu @ gmail.com
ホームページ　http://triage.web.fc2.com

## §5 抵抗や迷いをなくすために

### 1・市民の責任は

　市民がトリアージした結果への責任は？という質問は、市民からだけでなく、医療者からもよく出てきます。

　私たちＮＰＯの市民トリアージ表（前掲）を見てみましょう。

　「２時間以上はさまれていたかどうか」を本人や運んできた人に聞く。

　「歩けるか」を見る、聞く。

　「息をしているか」を見る。

　これらを、医療者以外はしてはいけない医療行為だと思う人はいないでしょう。

　「呼吸数を数える」

　「手首の動脈を触れる」

を実際に経験したことのある市民は少ないでしょう。しかし訓練すればできるようになります。医療者以外してはならない、という人もいないでしょう。

「お名前は？　手を握って！」などの反応を見るのも、それに近いことは普通に行われていることで、医療行為ではありません。心臓マッサージや人工呼吸を行うＡＥＤ（自動体外式除細動器）の講習と比較してください。

　唯一医療行為といえるのは、呼吸がない場合の気道確保ですが、頭部を下げ、あご先を挙げることや口の中の異物を出すなどは、救急法として積極的に教え広めていかなくてはならないことでしょう。市民がトリアージすることに反対する人は、結局「トリアージ」という言葉を使うことに抵抗があるのだと思われます。

　ＪＲ福知山線の列車事故の際、救急車が来るまでに、地域住民が負傷者を担架搬送で列車外に運び出し、歩ける負傷者を１カ所に集めたと聞きました。

　トリアージなど全く知らなかったと思われる市民が、現場の判断として歩ける負傷者と歩けない負傷者に分けたのだと思われます。これは結果としてスタート式トリアージの第一ステップをしたことになります。この行為

に責任がある、市民がしてはいけないという人はいないでしょう。

　「トリアージ」という言葉を使うから責任があるという言葉が出てくるのだと思われますが、当NPOで教えている「市民トリアージ」の役割は、病院に運ぶ重傷者と、救護所で応急処置をすればよい軽傷者を分けることです。ケガをしている人はすべて医療機関に運ぶのです。救護所でも病院でも医師がトリアージして責任を持ちます、と説明しています。

　平成26年（2014）の日本集団災害医学会での弁護士の方の講演のなかで「医療者はプロなのでトリアージの結果について責任を負う」という厳しい見解を聞きました。その際、「市民にトリアージを教えているが、市民は責任を負うのか？」と質問しました。弁護士の方の答えは、「市民はプロではないので責任を負わない」というものでした。

2・「迷ったら重い方へ」の原則

　この原則は、医療者でも同じですが、市民

にとっては重圧感を減じる大事な項目です。

　医療者と医学的知識のない市民のトリアージ結果が同じになることはないでしょう。この原則をあてはめる結果として、市民のトリアージでは医療者がトリアージするよりも偽陽性（例；緑タッグの負傷者を黄タッグと判定）の重傷者が増えることは十分考えられます。しかし市民のトリアージが最終判断ではなく、病院でも救護所でも医療者が必ず再度トリアージをします。また負傷者の70〜90％は軽傷者なのです。

　市民のトリアージを経ることで病院の前に並ぶ軽傷者の数を数分の1に減らすことができると考えています。

## 3・黒タッグの問題

　トリアージする者にとって常に問題になる重い課題です。しかし市民はむしろ分かりやすいのです。もし黒タッグを死亡群と考えれば、これは医師にしかできません。市民だけでなく看護師も救急隊員もつけられません。

　市民は黒タッグを付ける権限はないし付け

る必要もありません。赤タッグをつけ、搬送する順番を最後にする群としても、もともと市民には搬送しなければならない義務はなく、自発的な協力として搬送をしているだけです。搬送したから、あるいは搬送しなかったからととがめることはできません。

　ふつう救命講習、ＡＥＤ講習との兼ね合いで、蘇生が問題になることがあります。ＡＥＤ、心マッサージは心臓の病気が原因での心停止には有効ですが、災害時には、出血など他の外傷があり、そのために２次的に心臓が止まっているので、元々の原因が治療されない限り心臓だけ動かそうとしても効果がありません。したがって多数負傷者が出る大規模災害では心停止に心マッサージは行わないし行えません。しかし、近親者や知り合いに救命行為をすることは問題ありません。

# 3章 クラッシュ症候群

私たちＮＰＯが活動を始めた平成14年（2002）当時、クラッシュ症候群について、診断、治療まで理解している人は医療者でも少なかったのです。そこで、消防や医療への啓発を始めました。

　【図3－1】は阪神大震災時の倒壊家屋から誰が救出したかを示したものです。消防隊が救出したのは、わずか1.7％だけで、一般市民がほとんどを救出しています。南海トラフ地震でも同じ状況、被災現場には市民しかいない、という事態を覚悟しておかねばなり

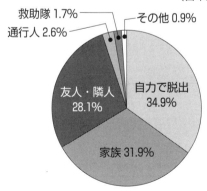

**【図3－1】阪神大震災で救出をしたのは？**
（日本火災学会）

ません。

　であれば、実際に救出活動をする市民がクラッシュ症候群を知っている必要があります。

　このために私たちＮＰＯは、市民トリアージ表の最初の項目に「手足を２時間以上はさまれていたか？」という項目を掲げ、訓練の中でクラッシュ症候群の説明をしています。

【図３−２】は当ＮＰＯで使っているクラッシュ症候群の成り立ちの説明図です。

①は心臓から動脈を通って全身に血が送られ静脈を通って帰ってくる正常時。

②は柱が大腿部を押さえその先に血が通わなくなっている状態。

③は圧迫が長く続いて筋肉の酸素が足りなくなり横紋筋融解症（細胞が壊れる）を起こした状態。体の中の大事なところ、脳や肝臓や腎臓には普通に血が通っているので生きるのには問題はありません。

④が、クラッシュ症候群を発症した状態。圧迫が解除されて血液が流れると、壊れた筋肉細胞内に多量にあった物質（カリウムやミオグロビン等）が静脈に流れ込む。カリ

## 【図3-2】クラッシュ症候群の成り立ち

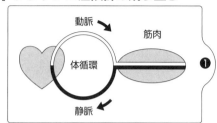

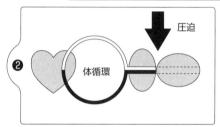

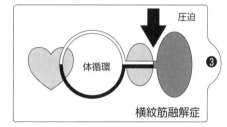

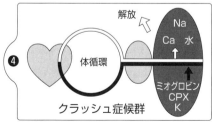

ウムが大量に流れてくると瞬間的に心臓が止まります。

無事、がれきの下から助け出された人が心停止することから「レスキュー死」として恐れられています。

クラッシュ症候群の診断のポイントを【図3-3】に示しました。呼吸、循環、意識などの生命徴候には異常はないものの、知覚と運動の麻痺があることが重要です。麻痺とは長時間正座した時につねっても分からず、足を動かそうとしても動かない、それをひどくしたような状態です。赤ワイン色の尿（ミオグロビン尿）が出れば確実です。

クラッシュ症候群の治療のポイントは【図3-4】に示しました。倒壊家屋から市民が救出する場合、救出中も救出後も水分を飲ませ続けること、救護所に運ばないこと、大量輸液と透析ができる病院に運ぶことが肝心で、最も重篤な負傷者だと見なければなりません。

「クラッシュ症候群を知っていますか？」という質問に当初は誰も手が挙がりませんでしたが、いま静岡県では、初めて訓練する地

## 【図3-3】クラッシュ症候群の診断

| ポイント |
|---|
| ＊2時間以上四肢をはさまれていた。麻痺がある |

血圧、脈拍、呼吸、意識などは全く異常を認めない。
はさまれていたところも、赤くなっている程度。
触ってもつねっても分からない、指が動かせないなど麻痺は必ず認める。
赤ワイン色の尿が出る（血尿と間違えることもある）。
検査：CPK↑　ミオグロビン↑　K↑　アシドーシス

クラッシュ症候群の尿：JR福知山線脱線事故
（関西労災病院・岸先生提供）

## 【図3-4】クラッシュ症候群の治療

| ポイント |
|---|
| ＊市民が救出する場合、水分を飲ませながら救出し、救出後も水を飲ませる |
| ＊大量輸液・透析のできる施設へ運ぶこと |

大量の輸液：1時間ごとに500ml〜1000ml
切断：長時間の圧座で生命を助けるためにはさまれていた手足を切断することもある
人工透析：高カリウム血症には透析しかない

域でも3分の1くらいの人が手を挙げるようになりました。

　何時間はさまれていたらクラッシュ症候群になるのか？　に関しては根拠がありません。しかし市民に伝えるためには明確で分かりやすい基準が必要です。2時間とした理由は、整形外科で四肢の手術をする際、2時間までは血を止めていてもクラッシュ症候群が起こらないという経験を根拠にしています。それより長い時間の影響についてはよく分かりません。

　何時間はさまれているとクラッシュ症候群を発病するかは、はさまれ方や筋肉量も当然影響すると思われますが、これらは学問的な議論です。市民は2時間過ぎたらクラッシュ症候群の可能性があると判断し病院に運べば、あとは病院の仕事として対処できると考えたからです。

　救出時は水分を飲ませながら救出すること、救出後は救護所でなく透析できる病院へ水分を飲ませながら運ぶことなどは、静岡県内では市民レベルでも理解が広がっています。私

たちの「市民トリアージ表」はクラッシュ症候群の啓発という役割を十分果たしてきたと考えています。

# 4章
# ＮＰＯの訓練メニュー

私たちNPOの活動目標は"おらが町はおらたちが守る"です。大規模地震に市民が行わなければならないと説明している作業は多岐にわたります。NPOの設立前後にはいくつかの町内会を対象に毎年繰り返し、さまざまな訓練を積み重ねてきました。

　最近は町内会以外の組織と訓練を行うことが多くなり、「市民トリアージ」と「身近なもので行う応急処置」をセットで行うことが多くなりました。ただ「市民トリアージ」は共助のための一つのツールにすぎません。最終目的は町内会単位で"おらが町はおらたちが守る"に到達することであることを忘れてはなりません。

# §1　市民トリアージ訓練

　平成13年（2001）静岡市の病院の医師、医師会医師、消防、看護協会、歯科医師会、柔道整復師、教育関係者などが集まり、連合町内会単位で市民との災害医療訓練、主としてトリアージ訓練を始めました。主たる目的は

トリアージの啓発で、ケガのメイクをした市民をトリアージし、トリアージの目的、方法などを説明しました。平成19（2007）年当ＮＰＯ「災害・医療・町づくり」を立ち上げてからは市民自らがトリアージするという方向にかじを切りました。

　ＮＰＯが独自に作った「市民トリアージ表」を４つ折りにして手帳や財布の中に常に持ち歩くように訓練で配っています。しかし字が小さく高齢者には見にくいため訓練では専用の資料を使っています。

　＊訓練に必要なもの

　オモテがトリアージ表、ウラが患者表になっているカード【図４−１】と、トリアージタッグの代わりの４色の札。

## １・輪になってトリアージ

　半数が患者役で外を向いて椅子に座ります。残りの半数がトリアージ役で、座っている人の前に立ちます。【図４−２】立っている人がトリアージ表を見ながら番号順に質問し、座っている人が患者表を見ながら答えていき

## 【図4−1】オモテ

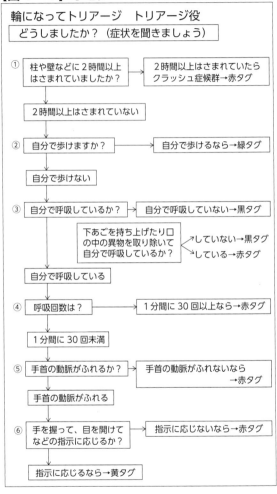

## 【図4-1】ウラ

輪になってトリアージ　患者役
　　　　　　　（この役になりきってください）

患者役　　左あしの動脈（血管）を切った
　　　　　左あしに割れたガラスのドアが倒れてきて切った

演技：すでに大量に出血している。血が止まらない

【市民トリアージ表】　　　　　　　　答え

1 手や足を2時間以上はさまれていたか？ ——→ はさまれていない

2 自分で歩けるか？ ——→ 自分では歩けない

3 自分で呼吸をしているか？ ——→ 呼吸をしている

4 呼吸回数は？ ——→ 呼吸回数は28回

5 手首の動脈は触れるか？ ——→ 手首の動脈が触れない

6 手を握って・目を開けてなどの指示通りにできるか？ ——→ やっとできる

## 【図4-2】 トリアージ訓練のモデル

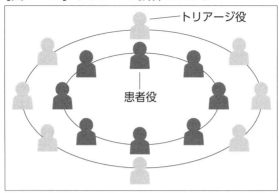

患者役が患者表をもって外を向いて座る。トリアージ役はトリアージ表と赤、黄、緑の札をもって患者役の前に立つ。トリアージが終わったらトリアージ役が回っていく

## 【図4-3】 トリアージ訓練の会場

ます。1回ごとトリアージ結果をチェックし、間違えた場合はスタッフが説明します。

　トリアージ役が移動し、次の人のトリアージをします。一回のトリアージ時間を2分から始め、だんだん短くして計5回行います。その後、患者役とトリアージ役を交代し繰り返します。

　トリアージ表の矢印に沿って右側に行ったらその先に進まないことを説明します。例えば「歩ける⇒緑」ならトリアージは緑となり終了します。表の下方には進みません。迷ったら「重い方を選ぶ」ことも説明しています。

　小学生も含めほとんどの人は5回でおおむねできるようになります。呼吸の見方（動いている人、声が出ている人は呼吸をしています。呼吸しているかどうか問題になるのは、静かに横たわっている人で、その時は横から胸の上り下がりを見ます）や手首の動脈の触れ方も実技で練習します。

## §2　身近にあるもので応急処置

　私たちのNPOは、ここを非常に重視しています。「輪になってトリアージ」とセットで実技訓練を行うことが多いです。

　災害医療では「防ぎうる死を防ぐ」という目的のために、どうしても重傷者に目が行きがちですが、軽傷者といえども骨折など、普段なら重傷と考えられるケガを負っています。応急処置を済ませ、帰宅させなければ負傷者は他の病院に並ぶことになるでしょう。

　病院が重傷者の治療に専念するためには、現場、または救護所で応急処置を完結させる体制が必要です。

　秋葉原の刺傷事件（2008年）の際、救急車が現場に到着するまでに、消防の救命講習を受けた市民が多数現場で心臓マッサージや人工呼吸をしました。市民が応急処置をすることは敷居が高そうですが、分かりやすい方法を実技で教えれば市民にもできるという実例でしょう。

三角巾は有効な方法ですが持っていない市民のほうが多いでしょう。いくら訓練しても、持っていなければ使えません。私たちは市民の身近にあるもので行うことにこだわって、応急処置（止血、傷の手当、骨折の固定）を教えています。緑タッグになる通常のケガのかなりの部分をカバーできます。
＊訓練に必要なもの
　タオル、ビニール袋、ラップ、ペットボトルの飲み物、ビニールテープ、はさみ、ダンボール、カッター、ガムテープ、新聞紙、割りばしなど。

１・止血

　直接圧迫止血法【図４－４】だけを教えています。
　縛る方法については救急救命士とともに試してみましたが、市民の周囲にあるひも、ゴム等では動脈の拍動を止められませんでした。動脈を止められず静脈だけを止めればうっ血し、よけいに出血します。
　動脈圧迫法は、動脈の位置が分からなけれ

**【図4-4】直接圧迫止血法**

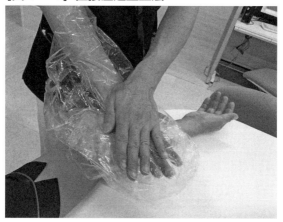

ばできません。それを知らない市民には、脇の下の動脈やひじの動脈、太もも動脈やひざの裏の動脈を圧迫することは困難です。医師でも緊急時に動脈圧迫で止血できる自信がある人は少ないでしょう。

　直接圧迫止血法では「血はあなたに汚く、あなたの手は傷に汚い」と説明し、血に触れないようにゴム手袋の代わりに身近にあるビニール袋やラップを使い、タオルで「面として圧迫する」方法を推奨しています。圧迫がうまくできていなければ血がもれたり、にじ

んできます。場所が悪いか、力が足りないかなのでやり直します。圧迫で止血できていれば5分間押さえます。

2・傷の手当て

【図4-5】ラップ療法（湿潤療法）を教えています。消毒しない、ガーゼを当てない方法です。

まず洗います。水道が使える状況であれば水道水で洗います。地震時には水道が使えない可能性が高いので、その場合はペットボ

【図4-5】ラップを使った傷の手当て

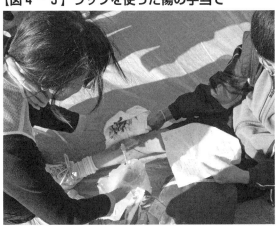

ルの水、お茶、スポーツドリンク、などを使います。目的は傷のなかの砂などの異物や汚れを洗い流すことです。

　ふたを取ってラップで覆い穴をあければ、少量でも勢いよく洗えます。ふき取ってラップを傷の大きさよりひと回り大きく切って貼ります。ワセリンがあればラップに塗って貼ると痛みが楽になりますが、なければラップだけでもいいです。

　テープで止める場合は3辺を止め、1辺は浸出液の出口として開放しておきます。毎日洗い、毎日ラップを替えます。出血を伴う傷の場合、出血が多い場合は止血してから傷の手当てをします。

※参考「さらば消毒とガーゼ―うるおい治療が傷を治す」(2005；夏井睦)

## 3・骨折の固定

　厳密な意味で骨折でなくても、四肢が腫れて痛みがあるとき固定すれば楽になります。

　普段なら病院に行きレントゲンを撮り、骨折の有無、場所、程度を調べます。その後ギ

プスや添え木で固定し、手術が必要でも数日から１週間ほどは固定した状態で自宅待機となります。

災害時には応急処置として固定し、落ち着いた状態になり病院が開けば診察を受ければいいでしょう。固定すれば痛みが楽になるので、応急処置として十分役立ちます。

固定の原則は骨折部の上と下の関節が動かないようにすることです。例えば前腕の骨折では、ひじと手首を含め動かないように固定します。

固定材料は肌にやさしくしっかりした硬さのものなら何でもよいです。例えば板切れ、新聞紙の束、杖などですが、市民の身近にあるもので細工が自由にできるという意味で、私たちは段ボールを勧めています。巻くものはこれも身近にあるという意味でガムテープを主に使っています。

固定という意味ではどのような肢位でもよいのですが、ひじやひざが伸びた状態では生活に不自由なので、ひじは約90度曲げた位置、ひざは少し曲げた位置での固定を勧めていま

## 【図4-6】 前腕骨の骨折の場合

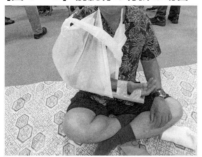

## 【図4-7】 ひざの骨折の場合

## 【図4-8】 肩周辺の骨折の場合

す。工夫することで曲げた状態の段ボールでシーネ（添え木）を作ることができます。三角巾の代わりにはスーパーのビニール袋を使います。

【図4-6】は前腕骨の骨折で、段ボールで固定し、ビニール袋で吊った様子です。

【図4-7】はひざの骨折の固定の図です。

【図4-8】は鎖骨骨折、上腕骨頸部骨折など肩周辺の骨折の固定です。上腕を胸壁にガムテープで2カ所で巻いて固定するだけで骨折部は動かなくなります。三角巾の代わりにビニール袋で支えています。

身近にあるもので行うケガの応急処置は災害時だけでなく日常生活でもいざという時に活用できます。市民の講習会でも皆熱心に講習しています。

## §3　救護所立ち上げ訓練

マニュアルに指定されている実際の救護所の立ち上げ訓練を行ったことのある地域は全国的にも少ないのではないでしょうか。その

ため市民も医師会員も実際に立ち上がるのか疑問に思っています。それどころか避難所と救護所の違いを知らない市民が大部分でしょう。

　行政と医師会で救護所訓練を行っている地域もありますが、会場型訓練の見せる訓練が多く、実災害時に救護所が立ち上がることにつながるのか疑問です。当ＮＰＯは静岡市で小学校を救護所とする連合町内会単位で、地域住民とその救護所に参集することになっている医師会員による訓練を企画してきました【写真4-9】。

　当初は医師会員が集まらず苦労しましたが、訓練を継続することで現在静岡市でのトリアージ訓練には半数以上の医師会員が参加するようになりました。トリアージの説明も医師会員が行っています。

　地域の訓練を当ＮＰＯと関係なく、住民と医師会員で行っている地域もあります。地域の自立という意味で望ましい方向性でしょう。

　強調しておきたいのは、実際に救護所に参集する医師会員が訓練に参加して初めて、市

## 【図4－9】医師会員による訓練

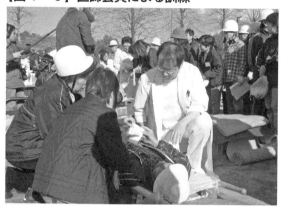

民は本番で救護所が機能するという実感を持てます。災害時ケガをしたときに行く救護所の場所と意味を広報する手段としては最も効果的な方法でしょう。

## §4　救出訓練

　クラッシュ症候群の項で述べましたが、被災直後の救出は市民が行うことになる可能性が高いでしょう。しかし市民は自分たちがやらなければならないと思っていませんし、簡単にできることでもありません。また医療者の私たちが教えることもできません。

　当ＮＰＯが救出訓練を企画し、過去の事例を基に必要性を説明し、消防に指導してもらう形で訓練を行ってきました【図4－10】。（上）2階屋がつぶれ1階になり屋根を破って生き埋めの人を助ける訓練です。回を重ねるうちに、のこぎりや包丁で屋根を破るのは効率が悪いと、（中）住民が重機を使う訓練を始めました。連合町内会単位だと、建設会社や造園業者など重機を持っている企業があるとのことでした。

　この訓練の中でクラッシュ症候群への対処も説明し、実技で訓練しています。（下）下敷きになった人を助ける訓練です。

## 【図4-10】救出訓練の様子

## §5 搬送訓練

　重傷者の病院への搬送は市民がするしかないと考えており、啓発と訓練は必要ですが、訓練としては難しいのです。実際の道路状況が予測できないことと、地域によって救護所から病院までの距離が異なるため、どこにでも通用する共通の方法を提示できないからです。

　しかし実際に病院まで運ぶ訓練をしてみると【図4－11】、長距離を担架やリヤカーで運ぶことが困難で危険でもあること、毛布などで作る簡易担架が危険であることも分かりました。

　阪神大震災、東日本大震災発災早期に現地に入った私の経験では、地元の人たちは抜け道や林道を車で通っていました。患者搬送手段を検討するとき、バイク、自転車、徒歩で、車が通れる道を探し、車での搬送をまず追求すべきと説明しています。

　訓練を通じて、地域にとって自分たちがや

【図4 –11】搬送訓練の様子

らなければならない仕事だと覚悟しておけば、あとは災害時に道路状況を調べ、工夫するこ

とになります。

## §6　情報の収集と共有

　被害状況、必要な支援の情報、道路情報などは、マニュアルでは市町が収集し、県に報告する体制になっています。過去の災害で情報を集めるのが困難であったため、行政はシステムを改善したり、情報ツールの種類や数を増やしたり、いろいろな工夫をしています。しかし、すべては最先端の現場から情報を誰がどうやって出すか、集めるかにかかっています。実際の災害の経験から、たくさんの業務をこなさなければならない市町や消防が、情報を取りに動くのは無理だと感じてきました。

　【図4-12】は私が住んでいる人口12万人の静岡県藤枝市の職員数です。市が継続的にしなければならない仕事を羅列してあります。やらなければならないことは膨大です。医療はその中の一部です。情報は大事ですが市町の職員も被災するなかで、市町が24時間体制

## 【図4－12】被災後、藤枝市がしなければならないこと

```
市役所職員数600人、全職員数800人
                （学校・病院・消防を除く）
・災害対策本部立ち上げ
・情報取得・伝達（避難所、救護所、医師会、警察、
  消防、県、自衛隊、病院、学校、マスコミ…）
・避難所・救護所立ち上げ
・ライフライン（水、飲料、電気、ガス、トイレ、
  薬）確保
・道路情報・緊急路確保
・遺体安置所
・ボランティア対応
・支援物資仕分け
```

で継続するのは無理だと感じます。

　現場、避難所、救護所、近隣の道路情報を防災の最先端の組織である町内会が集め、市町の災害対策本部に報告する体制が必要だと感じています。

　私たちは講習会や訓練の中で、市町の災害対策本部に現場の情報が集まることがいかに重要か、それがなければ災害対策本部は機能しないし、地域への支援も来ないと、町内会が地域の情報を集め市に報告する必要性を説いてきました。

また情報は下から上にあげるだけでなく、災害対策本部は集まった情報を整理し組織全体に還元する意識を持たないと、現場同士は互いに自分のことしか分からない状況に置かれたままになります。また膨大な情報交換が必要な中で情報ツールは限られています。情報は大事という言葉と矛盾するかもしれませんが、連絡を大事な情報だけに絞り、手短に済ませる意識をもつことも大事です。

　情報については当ＮＰＯが独自にできる仕事ではありませんが、災害対策のカギを握ることです。普段からシステムとして作り上げておくことの重要性を、今後も市民にも行政にも働き掛けていきます。

## §7　実動総合訓練

　前述したように、当ＮＰＯの訓練では、時間の関係もあり、1回目は「市民トリアージ」と「身近にあるもので行うケガの応急処置実技訓練」を行うことが多いです。これだけで2〜3時間の訓練になります。

**【図 4 - 13】総合訓練の様子**

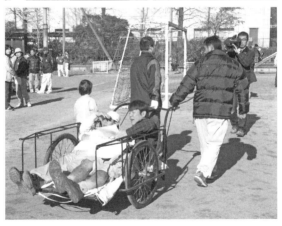

　訓練を重ねるごとに、救出訓練、搬送訓練などを組み合わせていきます。そのすべてを合わせた総合訓練をこれまでいくつかの町内

で行ってきました。【図4－13】は住民が倒壊家屋から救出し「市民トリアージ」し、救護所で医師会員を手伝い応急処置する。また搬送が必要な負傷者を市民が病院に搬送するという、当NPOの考える地域の最終的な形の総合訓練です。連合町内会、医師会、病院、合同の大掛かりな訓練になります。

　平成25年（2013）12月に静岡市内のある町内会で行った総合防災訓練が、平成26年1月17日のNHKスペシャルで放映されました。ここまで行きつく地域は少ないのですが、今後も目指していくつもりです。

## §8　当NPOの講習プラン

▽ステップ1（必須）
　《地域の被害想定と消防・医療の力との対比》
　市民が自分のこととして災害と向き合うために必須です。個人として受講します。
▽ステップ2（必須）
　《市民トリアージ講義・実技》

「輪になってトリアージ」を実技で行います。災害医療の流れを理解し、市民でもできることがあるという実感を持ちます。個人として受講します。

▽ステップ３（必須）

《身近にあるもので行うケガの応急処置》

普段でも使えるケガの応急処置の技術を覚えます。個人として受講します。

▽ステップ４（オプション）

《救護所立ち上げ訓練》

ステップ１から３までを、本番で救護所に集まることになっている医師会の医師と市民が、被災現場から救護所までの流れを実技で行います。町内会と医師との連携で行います。

この訓練をすることで、初めて市民も医師も救護所が立ち上がる実感を持てます。

▽ステップ５（オプション）

《搬送訓練》

現場、救護所から病院まで重傷者を自分たちで搬送する訓練です。

搬送方法と距離を実感します。町内会で行います。

▽ステップ6（オプション）

　《倒壊家屋からの救出・クラッシュ症候群
　　対応訓練》

　消防の協力で行う実技訓練です。町内会で行います。

▽ステップ7（オプション）

　《情報訓練》

　町内会で集める情報・手段・情報ツールの確認。町内会で行います。

▽ステップ8（オプション）

　《総合防災訓練》

　ステップ1から7までのすべてを行う、連合町内会、医師会、病院の合同訓練です。最終形です。

　＊ステップ1から3を個人受講し、町内会に広げ、行政、消防、医療と連携しステップ4からステップ7までを選択訓練し、最後にステップ8を行うのが目標です。

# 5章 これからの課題

## §1　広げていくための戦略

「市民トリアージ」の必要性を県内全体に広げるために二つの方法を同時進行で行ってきました。一つは地域の行政、消防、医療、市民が集まって行うＤＩＧ（図上訓練）で、もう一つは市民を対象に行う実技訓練です。

### 1・地域連携訓練

静岡県では防災訓練も災害医療訓練も、頻繁に行われてきました。しかし、消防、医師会、病院、町内会など常に組織内の訓練で、そこに他の組織との連携を加えるような形の訓練でした。

私たちは、例えば重傷者を病院まで運ぶのはどこが行うのか？　などを考えると、組織内の訓練だけでは抜ける作業があることに危機感を感じてきました。県内外から支援が来ない状況で、地域医療の能力の数十倍の負傷者が出るとしたら、地域の行政、消防、医療だけでなく、市民も企業も巻き込んだ体制が

必要だと考えるようになり、地域のすべての組織が集まり議論する場を求めきました。

　平成21年（2009）県の事業として、災害拠点病院がその地域の病院、消防、行政、医師会、企業、住民を集め、南海トラフ地震の際の各組織の役割を確認する場として「地域連携訓練」が企画されました。平成21年から平成28年までに21災害拠点病院中15拠点病院でこの訓練を終えました。驚くことにこれだけの組織が一堂に会して、地域の対応について議論すること自体がどこの地域でも初めての経験だったのです。

　こういう場での議論では各組織がマニュアルを読むような形になりがちですが、それぞれの組織の動きの視点ではなく、地域で想定される被害想定を念頭に、外から支援が来ないとしたら、必要な作業をどこが受け持つのか、やれるのかという形で"必要な作業の視点"からの議論を求めました。

　問題が大きすぎるので、その場ですぐ解決策につながるわけではありませんが、本番で私たちが直面することになる状況です。状況

を認識しておくことで防災への取り組みが大きく異なるはずです。そもそもこの考え方、集まりは、災害対策の一番初めにやっておくべきことではないでしょうか？

【図5－1】は平成21年に行った第1回の地域連携訓練（静岡県立総合病院の例）です。左側に想定される被害（この時点では第3次被害想定）、右側に消防・医療の数を対比し、大規模地震時に地域で必要な作業をどこがで

**【図5－1】**

静岡県立総合病院が災害拠点病院として行った静岡県地域連携訓練（2009）

| 被害想定（静岡県ＨＰ） | | 対応する力 | | |
|---|---|---|---|---|
| 建物大破 | 5,041棟 | 災害拠点病院　医師 | | 210人 |
| 火災焼失 | 5,976棟 | 救護病院　医師 | | 130人 |
| 死者 | 203人 | 救護所 | | 9カ所 |
| 重傷者 | 773人 | 医師会医師 | | 113人 |
| 軽傷者 | 3,594人 | 消防・救急<br>（千代田消防署） | | 131人 |
| 生き埋め | 1,146人 | 消防車　10台 | 救急車 | 5台 |
| | | 救助車　1台 | | |

地域人口10万人を対象に、表のような被害想定のもと、行政、消防、病院、医師会、連合町内会を集め討論した。この地域の被害に対応するため、これだけの組織が集まったのは初めて

【図5-2】

```
組織の動きではなく
必要な作業で議論しよう

がれきの下からの救出？
トリアージ？
重傷者の病院搬送？
軽症者の応急処置？
情報は誰が、どこから、どう集める？

⇒市民の力なしには機能
しないことが見えてくる
```

きるのかを議論します。消防が5976棟の消火をし、1146人の生き埋めを掘り出しながら773人の重傷者を搬送することができないことは明らかで、また消防を補完できる組織もありません。住民の力なしには動かないことが各組織の前で明らかになります。市民がトリアージすることの必要性が行政や住民に理解されるきっかけになっています。

2・若者の取り込み

　当NPO立ち上げ前は静岡市内の連合町内会に声をかけ訓練してきましたが、立ち上げ

後は県内のさまざまな組織（行政、医師会、病院、福祉施設、障碍者団体、大学、中学校、ＰＴＡ、自治会、ボランティア団体、社会福祉協議会、防災士団体など）から講演・講習の申し込みが来るようになり、総論（市民トリアージの必要性、目的、役割）の説明と、「輪になってトリアージ」「身近にあるもので行うケガの応急処置」の３つをセットで行ってきました。

　自治会などは熱心なのですが、高齢者が多く、実際の場面を考えると、若い人の取り込みが課題でした。

　静岡大学、静岡県立大学の授業に取り込んでもらい、中学校に要請し中学生には地域の訓練に継続的に参加してもらってきました。また静岡県藤枝市のある小学校では児童全員とＰＴＡ700人を対象に災害医療講習会を授業とし、11年続けています。先生たちが「こんな真剣な生徒を見たことない」というほど子供たちは真剣です。なぜなら自分の住んでいる町や学校の被害想定をもとに話が進むからです。災害を、被害想定を、自分のことと

## 【図5－3】藤枝中央小学校での防災訓練

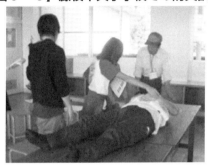

## 【図5－4】子供を対象にした「身近にあるもので行うケガの応急処置」講義

してとらえるからでしょう。

　この講習の一つとして子供たちに「市民トリアージ」【図5-3】や「身近にあるもので行うケガの応急処置」【図5-4】も教えています。初めは小学生に災害医療の講習をして役に立つのかと思いましたが、11年続けると1年生は6年間毎年繰り返し講習を受けることになり、全児童がケガの応急処置の方法やクラッシュ症候群対応を学んで卒業します。この子たちがどのような大人に育つのか楽しみです。

　また小学校の訓練にはＰＴＡが参加します。防災の訓練に若い世代を巻き込むのは大きな課題の一つでした。そういう意味で、30代、40代の世代を巻き込めるＰＴＡの参加は魅力です。このようにどんな組織からでも声がかかれば当ＮＰＯとして対応し、底上げを図ってきました。

## §2　市民の力に期待

　大規模災害時、負傷者はどこで治療される

のでしょうか？　静岡県災害医療のマニュアルを示します。【図５－５】図内の数字は静岡県での数字です。負傷者を救護所に集め、医師会の医師がトリアージし、緑タッグの軽傷者は応急処置を済ませ帰宅させます。赤タッグ、黄タッグの重傷者は病院に運び、ただちに治療が必要な重傷者は災害拠点病院に運び、航空機で県外の病院に運ぶことになっています。

　前にも述べましたが、救護所で医師会員だけで、トリアージと応急処置ができるでしょうか？　救護所から病院に運ぶのは誰でしょうか？　当ＮＰＯはここに市民の力を期待しているのです。

　ＮＰＯ「災害・医療・町づくり」は「市民トリアージ」を教えていますが、市民に医療者と同じ役割を求めているのではありません。【図５－６】が当ＮＰＯの目指す負傷者の流れです。大規模災害急性期に被災現場で医療者や消防が活動できる可能性は極めて低いのです。市民しかいないのであれば、被災現場で市民が病院に運ぶ重傷者と救護所で応急

## 【図5-5】負傷者の流れ　静岡県マニュアル

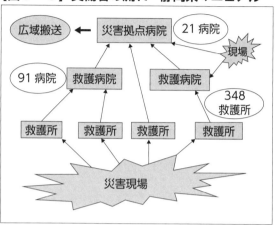

## 【図5-6】私たちの目指す負傷者の流れ

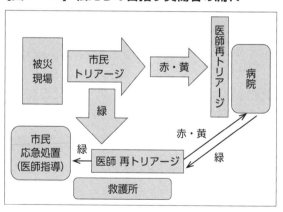

処置をする軽傷者を振り分けます。

　例えば腕が折れていれば重傷と考えるのは市民感覚では当然です。この時「市民トリアージ」で命にかかわらないケガは軽傷と教えているのは大事です。トリアージする立場の市民だけでなく、負傷した市民の立場にも影響します。

　市民にトリアージの考え方を教え講習会も行いますが、本番での市民の役割は病院と救護所への振り分けです。病院でも救護所でも医師がトリアージし責任を持ちます。

　スタート式トリアージでは、歩ける人は緑タッグで救護所に誘導し、歩けない人は赤タッグか黄タッグで病院に搬送します。これは医療者が行っても同じです。

　当ＮＰＯでは緑タッグの軽傷者を身近にあるもので応急処置する実技も教えており、救護所で医師の指導のもと市民が応急処置することを目指しています。

　市民はトリアージタッグを使わないと説明しています。総合防災訓練ではタッグの代わりにカラーシールを使っていますが、実災害

ではガムテープを貼りマジックで赤などとタッグの色を書く方法を勧めています。

　救護所で応急処置を済ませることは大事で、緑タッグとトリアージされた骨折や傷を負った負傷者は応急処置をされなければまた病院に並ぶことになるからです。【図5－7】

　医療の知識のない市民のトリアージでは、歩けるけど、心配で黄タッグとして病院に運ぶ人が増えることは当然予想されます。それでも、市民によるトリアージを経ることで病院に並ぶ数千人の負傷者を、数分の1に減ら

### 【図5－7】市民トリアージの役割と意義

目的：病院に運ぶ重傷者と、救護所で応急処置が必要な患者を振り分けること
・トリアージを教えるが、市民はトリアージと呼ばなくて良い
・トリアージにかかわらず、病院に運んだ方が良いと思う人は、黄タッグとし病院に運ぶ
・救護所・病院で医師が再トリアージする
・ケガ人の7〜9割は中等傷・軽症！
・病院の前に並ぶ数千人の中等傷・軽症者を1／4〜1／2に減らせるだけでも意味がある

す可能性があると考えています。

## §3　運動の広がり

【図5-8】に示したように、静岡県内では行政、消防、医療、町内会、ボランティア組織などが「市民トリアージ」講習会を企画し、県内全体に広がってきています。さらに平成26年からは他県からの問い合わせが増え、当ＮＰＯの講座にも参加してくるようになりました（これまで7県）。地域に持ち帰って

【図5-8】市民トリアージの広がり－愛知、三重、和歌山、愛媛、東京、千葉へも

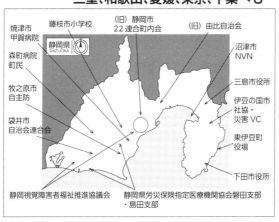

既に自分たちだけで普及活動（2県）をしているところもあります。今後はさらに増えていくと思われます。

　主体は、行政、消防、病院、ボランティア団体、自治会、防災士会などですが、活動をスムーズに進めるためには、行政、医療、市民が協同して活動することが必要です。この3者の同意がなく市民だけの運動になっては本番で機能できません。

## §4　米国ＣＥＲＴに学ぶ

　米国には50州341地域で行われている自主防災組織サート（ＣＥＲＴ）があります。ロサンゼルス消防局が1985年から始め、1993年に連邦緊急事態管理局ＦＥＭＡ※に引き継がれました。市民を対象に①災害準備②火災安全とライフライン③災害時の医療措置（止血などの応急処置、トリアージなど）④公衆衛生・外傷の取り扱い⑤捜索と救援⑥組織⑦災害心理⑧テロ対策⑨災害シミュレーション・テストの内容で、20時間の講習を7週間かけ

て行っているそうです。米国全土で国が市民にトリアージや応急処置を教えていることになります。

　国レベルで権限も人材も予算もあるFEMAに対抗すべくもありませんが、"大災害の急性期には、公助が届くまでの間、市民の役割が必要かつ重要だ"という発想は当NPOと同じでしょう。私たちNPOの活動は医療が市民に呼びかけて活動するなかで行政を巻き込んでいく形で進んできました。

　法律の問題、広報の問題、組織の継続の問題など多くの困難とぶつかりながら少しずつ活動は進み、広がってきました。これらの問題の解決には行政の参加は大きな利点があります。国レベルでの運動が日本でも進むことを強く望みます。

※ **FEMA**=Federal Emergency Management Agency

## §5　展望と課題

### 1・組織化の難しさ

　当初、私たちのNPOは町内会を対象に活動を繰り返してきました。防災の最先端の組織だったからです。町内会は高齢者が多かったため、若い人に広げようと大学生や小学校のPTAなどにも広げていきました。しかし、大きな壁にぶつかりました。

　町内会もPTAも役員制で毎年交代してしまいます。また大学生も卒業していきます。継続することが困難でした。それでも啓発の効果はあると思いますが、当NPOが目指すのは、本番で役割を果たすことです。そのためには地域に残り活動を継続する人材を、組織を、作らなければなりません。

　この反省が平成26年（2014）からの「市民講座」につながり、活動を継続する個人を養成しようという形になりました。

## ２・他県からの接触

　平成26年（2014）１月のＮＨＫスペシャルで全国放送されたことを契機に、県外からの問い合わせ、講演会、講習会の依頼が増え、また「市民講座」への他県からの参加者も増えました。

　講演に行く場合は、２章で触れたような、地域の被害想定と医療や消防との対比を必ず出して話を進めることにしています。静岡の活動を参考にすることはあっても基本的には住んでいる地域での活動を進めてもらうためです。

　するとこれまで依頼を受けて講習を行った、愛知県でも、三重県でも和歌山県でも愛媛県でも、地域の消防・医療でまかないきれない被害が想定されていました。状況は静岡と同じであることが分かりました。

　言い換えれば、南海トラフ沿いの地域では静岡同様大きな被害が想定されていて、それゆえ危機意識が高く「市民トリアージ」の必要性を感じ、当ＮＰＯに接触してきたという

ことだと思われます。そして公助だけではまかないきれないという危機感、共助が必要と言われても具体的な中身が見えない、という私たちと共通の問題意識があることも分かりました。必要とされているところへは積極的に広めていきたいと思い活動していますが、一方で当ＮＰＯの会員だけで「市民トリアージ」の普及活動を全国で行うのには限界があります。

### 3・普及員養成

　このため、私たちは「市民講座」を「市民トリアージ普及員養成講座」に変え、教える側の人材を養成することにしました。二日間のコースで平成28年（2016）９月までに年３回、６回を終了しました。しかし「市民トリアージ」に初めて触れる人が二日間の「普及員養成講座」の受講だけで教える側になるのは難しいのです。

　受講後、よその訓練に役割をもって参加したり、複数の受講者で訓練を企画し、それを当ＮＰＯがサポートし、経験を積むことで、

ＮＰＯ「災害・医療・町づくり」と同じ意識を持ち、「市民トリアージ」を広げる"核になる組織"が各地にできることを期待しています。できれば当ＮＰＯの講座に一度は参加していただいて当ＮＰＯと共通の認識のもとに活動することを望みます。

## ４・問題

　「市民トリアージ」という言葉、概念が広まってくるにつれ、当ＮＰＯの「市民トリアージ表」を私たちに断りなく使ったり、少し変えて市民にトリアージを教えているところが出てきました。

　市民がトリアージするという意識が広まるのはうれしいのですが、技術論としてだけ広がることには危機意識を持ちます。

　ＮＰＯ「災害・医療・町づくり」は市民に受け入れやすくするために、負担を極力少なくするような工夫をしてきました。そのために誰でもが簡単にでき、また教えることもできますが、それは技術だけです。自分の問題としてとらえる意識がなく、社会的な位置づ

けを教えないで、単なる技術論として教えるのは当NPOの考え方に反します。形は同じでも目的が異なります。単に技術を教えるだけでは訓練と同じ状況でないと動けませんが、自分の問題として向き合う姿勢を持てば、状況が変わっても情報を集め、考え、判断し、必要な行動をとることを期待できます。

　これまで報告を受けた事例の中には【図5-6】で示したような、当NPOが目指した形に何ら寄与するものでなかったり、ひどい場合は市民がトリアージすることがかえって流れを阻害するものさえあります。市民にトリアージを教える目的が消えてしまいます。

　以前より理解が広まったとはいえ、私たちNPOには市民がトリアージすることへの懐疑的意見や反対論も聞こえてきます。私たちはトリアージを教えますが、本番では搬送先を決めるだけで、医療者のトリアージとは一線を画しています。タッグも使いません。独自に「市民トリアージ」を教える人は組織の名前を明らかにして、その組織で責任を取る覚悟で行っていただきたいと思います。

## 5・市民トリアージを教えるための条件

　当ＮＰＯの講座で必須と考えていることを挙げます。

　一つは２章で触れたように、自分の地域の被害想定と向き合うことです。当事者意識に結びつけることです。これがないとどんな防災教育も単なる知識で終わり、災害への準備をせずに、「ここにこんなことが起きるとは思わなかった」という言葉になってしまいます。

　もう一つは「市民トリアージ」や応急処置講習を通して市民にもできることがある。いな、市民しかできないことがあり、それが自分の町や人を助けることにつながる、ことを理解してもらうことです。

　災害は場所により規模により顔を変えます。目の前に展開する状況の中でやらなければならないことを自分たちで見つけ、動ける市民を作ることが必要です。

# 6章

## トリアージ Q & A

これまでの講習会で質問された主だったことと、私たちの回答を載せておきます。これらはNPO「災害・医療・町づくり」のホームページにも掲載してあります。

## Ｑ１＝トリアージは全国共通か？
Ａ＝トリアージは、災害現場や救護所や病院前で行われる１次トリアージ（治療が必要な重傷者を早く見つける目的で行う）と２次トリアージ（病院の中で振り分けながら治療も行う）があります。当ＮＰＯの「市民トリアージ」は「スタート式トリアージ」にクラッシュ症候群を加えた、大規模災害、特に大規模地震を想定した独自のバージョンです。

## Ｑ２＝トリアージする人は治療はしないのか？
Ａ＝１次トリアージする際に行う治療は、窒息しかけている人への気道確保と、多量の外出血の止血だけです。これだけはその場で処置しないと命にかかわるからです。

## Q３＝トリアージは1回だけか？

A＝現場で行い、救急隊も行い、救護所でも病院でも、場所が変わるたびに行います。ケガは時間とともに病状が変化していくからです。

## Q４＝トリアージはなぜ普段と違う基準なのか？

A＝普段の診察では、どこを、どれだけ、どんなケガをしているかを知ろうとします。ケガを治そうとするからです。負傷者が非常に多い大災害では、ケガを治そうとするのではなく、命を助けることを目的にします。命を維持するために必要な、呼吸、循環、意識、いわゆる生命兆候を短時間で見つけようとします。どんなケガでも命にかかわる状態になると、生命徴候に異常が出てくるからです。生きている証拠は、呼吸―息をしている、循環―心臓から血液が全身に送られている、意識―見え、聞こえ、判断できる、の三つです。

## Ｑ５＝トリアージされた患者さんはその後どう扱われるのか？

Ａ＝赤タッグの患者さんはただちに病院へ運びます。

　黄タッグの患者さんは赤タッグ搬送の後で病院に運びます。

　緑タッグの患者さんは応急処置をして帰宅します。

　黒タッグの患者さんは搬送順位が最後になります。「市民トリアージ」では赤タッグとして搬送します。

## Ｑ６＝緑タッグの人は病院では治療を受けられないのか？

Ａ＝大規模地震では、病院のベッド数以上の重傷者が出ます。ここに全力を尽くすので、緑タッグのケガの治療はできません。救護所で応急処置を受けることになりますが、救護所でも数名の医師で数百人の処置をすることになります。当ＮＰＯが教えているケガの応急処置を覚えて、市民でできるようにしてほしいのです。

## Q7＝トリアージ判定を間違えることはないのか？

A＝トリアージは簡単な判別法です。重傷者がもれることもあるし、重傷のケガ人は時間とともに状態が悪化していくのが普通なので、初期には軽傷と判断されることもあります。それを防ぐために、迷ったら重い方にするルールになっていますし、一人の患者さんを繰り返しトリアージすることになっています。

また迷ったら重い方にトリアージし、専門家の判断に任せますが、これは間違いではなくトリアージの考え方の基本のルールです。

例えば腕の骨が飛び出している開放性骨折では歩けるため緑タッグとトリアージされるかもしれません。これは間違いではなく、応急処置として固定して救護所に行けば医師が再度トリアージし黄タッグをつけます。しかし、最初のトリアージで骨が見えているから軽傷ではないと判断し、黄タッグをつけてもこれも間違いではありません。

## Q８＝トリアージは医療行為ではないのか？一般市民に許されるのか？

Ａ＝２章の§５にくわしく載せました。

## Q９＝知り合いをトリアージして後で恨まれないか？

Ａ＝地域のなかで一部の人しかトリアージを知らないと、そういうこともあるのかもしれません。訓練を重ねほとんどの人がトリアージの考え方を知っているようになればそんなことはなくなります。地域の常識にしてしまうことでしょう。

実際、当ＮＰＯが７年も一緒に訓練した町内会では、初期にはそういう心配をする意見もありましたが、多くの住民がトリアージ訓練を経験した現在では、トリアージへの反発や心配する意見は出てこなくなりました。

## Q10＝正常の呼吸数は何回か？

Ａ＝１分間に15回前後です。

## Q11＝息をしていますか？呼吸回数は何回で

すか？手首の動脈を触れますか？と負傷者に聞くのはおかしいのでは？

A＝その通りです。実際にトリアージするときは自分で見て触れて数えます。呼吸回数は10秒間数えて6倍するやり方をします。しかし、呼吸回数を演技することや手首の動脈を触れないなどの演技はできないので、訓練では負傷者に答えてもらいます。

## Q12＝止血で手を高く挙げる方法は有効ですか？

A＝【図6－1】に動脈と静脈の圧力を示しました。水銀血圧計で血圧100mmHgの人は水の圧に換算すると136cm$H_2O$になります。1m36cmの高さの噴水を考えてください。手を挙げると心臓から手首まで80cmとすると動脈圧の方が高いので出血は止まりません。一方静脈圧は10cm$H_2O$程度なので手を挙げれば止まります。直接圧迫法の止血でも、静脈からの出血であれば、10cmの噴水を止める力で押さえれば短時間で止まります。赤い血が吹き上がる動脈からの出血は1m以上に

【図6-1】

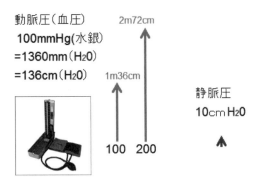

吹き上がっている噴水を止めるくらいの強い力で押さえる必要があります。大量の出血を見た場合、動脈出血か静脈出血か考えているより、ただちに強い力で押さえ確実に止血することが大事です。動脈圧と静脈圧の中間の圧で押さえると、動脈は止まらないので血は流れ込んできますが、静脈は止まるので血は戻っていきません。うっ血して余計に出血することになります。縛る止血のやり方を勧めない理由です。

## Q13＝指をはさまれてもクラッシュ症候群になりますか？

Ａ＝指には筋肉がないのでクラッシュ症候群にはなりません。クラッシュ症候群は筋肉の挫滅が原因です。同じようにはさまれても筋肉量で重症度が決まります。ひざの下ではさまれるより股の付け根の部分ではさまれた方が影響を受ける筋肉量は多くなるし、片脚より両脚はさまれた方が筋肉量は多くなります。

## Q14＝クラッシュ症候群を救出すると突然死の可能性があるのなら、市民で救出せず救急隊や医師が来るまで待った方がいいのでは？

Ａ＝平時であれば救急車が来ます。しかし大災害では何時間待っても救急隊も医師も来る可能性はほとんどありません。その場にいる人で水を飲ませながら救出し、点滴と透析のできる病院に早く運ぶのが最善の策です。

## Q15＝はさまれていた時間はどうやって計るのか？

Ａ＝地震が起きた時から助け出された時まで

がはさまれていた時間です。

## Q16＝クラッシュ症候群の予防のため救出後はさまれていた上で縛るのはどうか？

A＝止血のところで説明したように、縛ると静脈は止まって動脈は止まらない可能性が高いです。クラッシュ症候群には静脈だけ止めても効果があるかもしれません。問題なのは、普段ならすぐ救急車が来て病院まで短時間で搬送できるけれど、大規模災害時はいつまでたっても救急車が来なくて縛ったままずっと放置される可能性が高いことです。縛ったことが余計に悪く働くことになるので、一般には勧められません。静岡では病院の近くの地域には、クラッシュ症候群についてしっかり説明した上で、「縛ったらおぶってでもすぐ運んできてください。病院まで運べない距離のところや、状況では縛らないように」と説明しています。

まとめ

　阪神大震災以降、災害拠点病院が整備され、広域搬送計画、ＤＭＡＴの養成と、新しい災害を経験しながら災害医療は進んできました。
　予測されている、南海トラフ地震、首都直下型地震などの大規模災害では、しなければならない仕事の種類も量も膨大です。医療だけに限っても、現場からの情報収集・伝達、救出・救助、トリアージ、搬送、負傷者の応急処置、重傷者を他県に搬送する、など予測される仕事量は膨大です。
　被災地の行政、消防、医療には想定される被害に太刀打ちできる力はなく、自衛隊、消防、ＤＭＡＴなど外からのじん速な大量の支援が必要です。日本の災害対応もここを目指して体制を整えています。
　しかし、阪神大震災や東日本大震災への派遣の経験から、私は「本当に大変なのは短期活動し帰るわれわれではなく、ずっと活動を続けざるを得ない被災地の医療だ」と感じま

した。

　困難な際に外からの支援は必要不可欠です。したがって災害医療では支援活動が表に出がちです。それでもなお主体は被災地外支援ではなく被災地内医療でしょう。被災地派遣の経験や災害医療の学習を地元の体制に生かしたいものです。

　地域の災害と向き合い具体的な状況を理解するためには「地域の被害想定と消防や医療の力を対比」させて考えることが一番分かりやすいです。現在の災害医療対応は組織ごとの対応の積み重ねで作られています。行政も、病院も、医師会も、消防も、町内会も組織としての訓練をしています。「地域の被害想定と対応力を対比」させたとき、組織の努力だけでは届かない状況が生まれるのではと危惧します。

　被災地外からの早期の支援を望めないのであれば、地域の総力を挙げて対応する必要があります。そのためには各組織の体制ではなく、地域で必要な仕事は何か？　から議論を始め、対策を作る必要があります。ＮＰＯ

「災害・医療・町づくり」が市民の共助力に期待し、「市民トリアージ」などの講習を広げていっている理由です。

　大規模災害では、多くの機能が麻痺します。とりわけ被災現場から病院までの業務には圧倒的に人が足りません。現在のマニュアルは動くはずのない机上のマニュアルの感さえあります。しかし、現在ある組織を使う平時の計画ではこれしか図を描けません。

　ここを埋める解決策として静岡では一つには県として「広域搬送計画」を作りました。さらに現場の対応として当ＮＰＯは市民の共助の力を選択しました。選択したというより他の手段は考えられませんでした。しかし一つ一つの作業には専門的な知識や技術を当然必要とします。

　市民に必要な技術を平時に教えようというのが当ＮＰＯの考え方です。講習や訓練を通じて、「防災を自分の問題として捉え、市民にもできることがあるのだ」という意識改革が必要だと考えています。

　いつの地震でも聞かれる言葉が「ここに地

震が来るとは思っていなかった」です。被害想定を自分の問題として捉えない限り、どんな防災教育も訓練も、市民にとって単なる災害への知識で終わってしまいます。

「あなた助ける人、私助けられる人」の平時の常識を崩さなければなりません。当ＮＰＯの活動を通じて、"自分の"被害想定と消防や医療の対応力を対比させて考えることで、市民が災害を自分の問題としてとらえることにつながっていると感じています。

地元の消防・医療でまかないきれない重傷者が発生し、外からの支援も24〜72時間遅れるとなれば、命の問題に地域の総力を挙げて対処するしかありません。これは医療だけの問題ではなく地域全体の問題です。成果は市民の命に直結します。医療の問題であると同時に、市民自身の問題、地域の問題だと考えます。

災害を自分のこととして捉えた市民に、共助の内容を具体的に示し、必要な技術を教えれば市民は大きな力を持つ、という実感を持っています。

静岡市から静岡県内に、さらに他県にも広がりをみせています。平成27年（2015）12月には「第1回市民トリアージシンポジウム」を開き、7県から約50名が参加しました。職種も、行政、保健所、消防、学校、病院、医師会、自治会、ボランティア団体などさまざまですが、皆地域では「市民トリアージ」活動が初めてという環境の中で、それぞれ苦労しながら活動を進めてきていることがわかりました。

　活動を円滑に進めるためにも、また実災害時「市民トリアージ」を機能させるためにも、"市民・医療・行政"の三者が協力して進めることが必要です。静岡県内でもやっとこの三者の連携ができかけてきた段階です。

　運動が全国に広がっていくと講習会や訓練を当ＮＰＯだけではまかないきれません。同じ考え方で活動する核を全国に作る必要があります。ＮＰＯ「災害・医療・町づくり」の活動に賛同する市民、医療者、行政の参加を期待します。

# あとがき

　静岡県は防災先進県といわれていますが、南海トラフ地震での命の問題を考えるとき、不安をたくさん感じます。

　しかし他県と異なる点があります。東海地震第3次被害想定で静岡県では市町レベルまで建物被害、人的被害が公表されていました。さらに○○町△丁目まで建物被害が出されていた点です。市レベル、病院レベル、町レベルで被害想定を計算することができました。

　被害想定は甚大であり、自分のこととして考えることができるので危機感を持つ市民は多いのです。これに消防や医療の力を対比させると、揺れが収まった時の周囲の景色を想像することができます。他県の人たちが漠然と災害時の活動を考えているのを見るにつけ、このギャップを感じました。

　この危機感をエネルギーに、市民の力が必要だと集まった人たちがＮＰＯ「災害・医療・町づくり」を作りました。現在会員数は30名強ですが、医療従事25％、行政10％、教

育関係10％、他はボランティアなど一般の市民です。当ＮＰＯの訓練に参加後賛同し会員になった人も多いです。

　この本に載せた種々の活動は、訓練を続ける中で会員の意見を吸収し、時には受講者から知恵をもらい、作り、変わってきた現在の考え方です。今後も変化していくと思います。

　市民にトリアージを教え、市民が実災害時に役割を持つ、という考え方は当初、災害医療の中では異端であり、多くの防災関係者、災害医療者から疑問の目で見られました。しかし被害想定と消防・医療の力を対比させると、被災現場から病院までの作業が機能しないのではという危機感を持たざるを得ません。

　当ＮＰＯはここを市民の力で機能させられないかと考えましたが、それ以外の選択肢は見つけられなかったし、反対する人たちも別の解決策を提示できませんでした。当ＮＰＯの考え方は訓練を通じ多くの市民の共感を得、広がり、それに巻き込まれるように、医療や行政にも賛同する人たちが増えてきました。

　広がるにつれ当ＮＰＯの市民トリアージ表

をそのまま使ったり、一部変更して「市民トリアージ」として教える人たちも出てきました。ＮＰＯ「災害・医療・町づくり」としては「市民トリアージ」を大災害時の共助の一つとして位置付けており、その役割、限界、責任、などを明確にしておく必要があると感じ、この本を出版しました。

　今後各地で「市民トリアージ」が広がっていき、それぞれの地域の実情に合わせた「市民トリアージ」ができていくのかもしれません。

　静岡で10年以上試行錯誤しながら作り上げてきた、大規模災害急性期の現場の医療に対する考え方です。私たちの考え方を知り、意見のある方はどんどん御意見をください。大災害時の被災地の医療を少しでも良いものにしよう、という同じ目的での方法論の議論は歓迎します。

　もし賛同していただけるなら、各地で行政、医療、市民とぜひ一緒に活動していただきたいと希望します。

　最後に、常にアクティブに活動しているＮ

ＰＯ「災害・医療・町づくり」会員諸氏と、県外で「市民トリアージ」に賛同し広げていってくださっている方たちに感謝致します。

　ＮＰＯ「災害・医療・町づくり」の立ち上げ前から活動の中心メンバーであり、この本の完成を見ることなく平成28年10月に逝去されたＮＰＯ副理事長の大村純氏にこの本を捧げます。

**安田 清**（やすだ・きよし）
静岡県静岡市（旧清水市）出身。京都大学医学部卒業後、静岡県立総合病院整形外科医長、同副院長、同救急診療部長、災害医療センター長を経て、現在掛川東病院に勤務。平成7年に阪神大震災で静岡県医療班第1班として西宮市で医療活動を経験し、15年に県災害拠点病院連絡会会長に就任。19年にNPO法人「災害・医療・町づくり」を立ち上げ、23年に東日本大震災で静岡DMATとして岩手県立宮古病院で活動、翌年静岡県災害対策本部DMAT調整本部長を務める。

---

## 巨大地震 その時あなたを救うのは？
## 市民トリアージ

発行日／2017年1月20日 初版発行

---

発行者／大石　剛
発行所／静岡新聞社
　　　　〒422-8033　静岡市駿河区登呂3-1-1
　　　　TEL. 054-284-1666
装丁デザイン／STEPS DeSign
印刷・製本／三松堂株式会社

---

ISBN978-4-7838-2256-1　C0036
●定価はカバーに表示してあります
●乱丁・落丁本はお取り替えいたします